O PEQUENO LIVRO DOS
SANTOS

O PEQUENO LIVRO DOS SANTOS

Priya Hemenway

Tradução:
GILSON CÉSAR CARDOSO DE SOUSA

EDITORA PENSAMENTO
São Paulo

Título original: *The Little Book of Saints*.

Copyright © 2004 The Book Laboratory® Inc.

Edição em inglês publicada pela Barnes & Noble, Inc., mediante acordo com a The Book Laboratory® Inc.

Todos os direitos reservados. Nenhuma parte deste livro pode ser reproduzida ou usada de qualquer forma ou por qualquer meio, eletrônico ou mecânico, inclusive fotocópias, gravações ou sistema de armazenamento em banco de dados, sem permissão por escrito, exceto nos casos de trechos curtos citados em resenhas críticas ou artigos de revistas.

Dados Internacionais de Catalogação na Publicação (CIP)
(Câmara Brasileira do Livro, SP, Brasil)

Hemenway, Priya
  O pequeno livro dos santos / Priya Hemenway ; tradução Gilson César Cardoso de Sousa. -- São Paulo : Pensamento, 2006.

  Título original: The little book of saints.
  ISBN 85-315-1462-2

  1. Santos cristãos - Biografia I. Título.

06-6133   CDD-282.092

Índices para catálogo sistemático:
1. Santos : Igreja Católica : Biografia e obra 282.092

O primeiro número à esquerda indica a edição, ou reedição, desta obra. A primeira dezena à direita indica o ano em que esta edição, ou reedição, foi publicada.

Edição	Ano
1-2-3-4-5-6-7-8-9-10-11	06-07-08-09-10-11-12-13

Direitos de tradução para o Brasil
adquiridos com exclusividade pela
EDITORA PENSAMENTO-CULTRIX LTDA.
Rua Dr. Mário Vicente, 368 — 04270-000 — São Paulo, SP
Fone: 6166-9000 — Fax: 6166-9008
E-mail: pensamento@cultrix.com.br
http://www.pensamento-cultrix.com.br
que se reserva a propriedade literária desta tradução.

Impresso em nossas oficinas gráficas.

Sumário

Quem são os santos? 7

Anjos 17

Personagens bíblicas 23

Apóstolos 35

Evangelistas 51

Mártires 61

Virgens mártires 69

Fundadores e educadores 75

Ascetas, pais do deserto, monges 89

Visionários e místicos 107

Missionários e samaritanos 121

Lendas 133

Posfácio 147

Agradecimentos 151

Índice dos santos 155

Quem são os santos?

Há dois mil anos, ocorreu um fato notável. Na cidadezinha de Nazaré, um homem chamado Jesus começou a falar ao povo de Israel sobre amor e compaixão. Discorria a respeito de perdão, humildade e fé — e suas palavras eram proferidas num tom de voz impossível de esquecer.

Esse homem acabou sendo pregado a uma cruz de madeira para ali morrer, pois as verdades que disseminava eram perturbadoras. Grandes multidões se reuniam para ouvi-lo e muitos o proclamavam uma espécie de salvador, sem talvez perceber que a devoção cada vez maior em seus corações iria crucificar o mestre a quem amavam acima de todos. Vendo as multidões que se juntavam para ouvir aquele homem pregar, as autoridades da época — sacerdotes judeus e soldados romanos — começaram a temer por sua própria capacidade de controlar e legislar. Atemorizados e inquietos, fizeram o que os poderosos quase sempre fazem: condenaram Jesus à morte.

Inocente de qualquer crime, ele foi levado ao alto de um monte e preso a uma cruz à vista de todos — como um criminoso comum. Sobre sua cabeça, exibiram uma legenda mordaz chamando-o Rei dos Judeus, presumindo que seus seguidores tomariam esse epíteto como indicação de que não deveriam imitá-lo. As autoridades queriam silenciar uma voz que não suportavam ouvir. Mas a voz de Jesus não foi calada por esse ato infame. Na verdade, a crucificação daquele homem humilde assumiu um novo e inesperado sentido. Ela tornou-se um símbolo não apenas da pureza de sua inocência, mas também da transformação que suas palavras ensejaram.

Ao final do dia, o corpo de Jesus foi descido da cruz e sepultado; porém, o espírito de suas palavras e a chama do seu coração sobreviveram. As verdades que proferira e o amor que votara à humanidade já começavam a influenciar a alma daqueles que se haviam prontificado a segui-lo. As vidas de muitos foram desde então transformadas para sempre.

Como é de regra para aqueles que pregam o amor e a sabedoria interior, Jesus exerceu profunda influência no seu fechado grupo de discípulos. Eram doze homens que ele atraiu para si, passando-lhes como que uma tocha. Esses doze ficaram mais tarde conhecidos como seus apóstolos; deixando suas comunidades, viajaram para outras terras após a morte do mestre e narraram o que sucedera em Jerusalém. Anunciaram ao mundo que aquele homem, Jesus, a quem também chamavam o Cristo, dissera palavras de tamanha sabedoria que,

Quem são os santos?

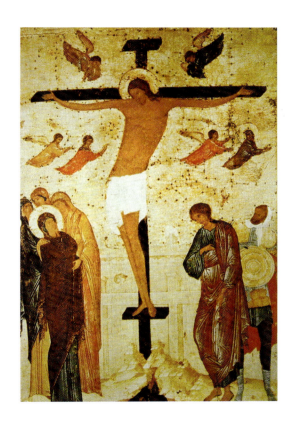

O PEQUENO LIVRO DOS SANTOS

uma vez dentro do coração, aproximavam a pessoa, em espírito, da misericórdia e do favor de Deus.

O Deus de quem falavam tornou-se, em suas pregações, um pai para a humanidade. O Deus de Jesus, explicavam eles, é um Deus amoroso cuja piedade vai além de toda compreensão. O Deus de Jesus, insistiam, transformará a vida de todos aqueles que, com o amor no coração, se achegarem a Ele.

Com essas idéias, Jesus e seus discípulos efetuaram uma das maiores mudanças no pensamento espiritual que o mundo jamais conheceu. Tendo degustado a alegria e a paz que sua presença disseminava, os discípulos de Jesus foram, eles próprios, transformados. Eles também começaram a viver segundo o espírito do mestre e experimentaram por si mesmos as verdades que ele ensinava.

Era à sua experiência pessoal que se referiam quando pregavam o poder transformador do amor. Foi sua experiência pessoal que lhes deu forças para padecer suplícios muito semelhantes aos do mestre — pois, em todas as terras, havia homens poderosos que não queriam tolerar a disseminação dessa mensagem.

Os homens e mulheres que seguiram as pegadas de Jesus são por nós conhecidos como santos cristãos. Ao levar a mensagem do mestre no coração, descobriram por si próprios a verdade nela contida. Foram transformados pelo amor e em troca, com coração agradecido, transmitiram a outros a doutrina singela. Com a alegria e o entusiasmo que dominam todos quantos são transformados pelos ensinamentos de Jesus, eles espalharam suas palavras pelo mundo.

Como um incêndio elas se alastram, como um incêndio elas queimam. As palavras de Jesus são simples, mas contam-se entre as mais vigorosas que a humanidade conhece: são palavras de amor.

Nos dois mil anos passados desde os dias em que Jesus falou de viva-voz, muito tem sido feito para preservar a mensagem ouvida pelos que lá se achavam. Os ensinamentos se apuraram e a Igreja criada para eternizar essa doutrina simples manteve-a viva. Naturalmente, em vista da enorme complexidade da psique humana, muita coisa também se fez para difamar e destruir tanto a mensagem de Jesus quanto sua Igreja. Dois milênios assistiram ao advento de um mundo confuso e os santos que encarnaram a mensagem de amor de Cristo viram-se às voltas com uma luta cambiante contra os poderosos empenhados em calar essa mensagem.

A mensagem de Jesus é uma mensagem de amor e o amor tem suas propriedades. O amor não tolera a malícia e o medo. O amor sopra como vento fresco e segue seu próprio curso. O amor protege o que, pela fraqueza, está ameaçado de destruição e é em si mesmo uma força maior que qualquer outra.

Os santos da mensagem de Cristo provaram isso. Por caminhos diferentes e em diferentes épocas, ao longo de centenas e centenas de anos, eles escreveram uma história de devoção e amor extraordinários. Mártires ou eremitas, mestres ou heróis lendários, visionários ou samaritanos, os santos do cristianismo teceram um tapete de contos tão coloridos e ricos que parece não haver limite para as expressões assumidas pelo amor. Homens e mulheres reais, os santos moram em nossos corações. São mantidos vivos devido ao poder misterioso que têm. Quando invocamos sua ajuda, sentimos sua graça; quando contemplamos seus feitos, ficamos espiritualmente alimentados; e quando mergulhamos na verdade eterna de sua mensagem, absorvemos a força de sua devoção.

O Pequeno Livro dos Santos trata só de alguns dos muitos homens e mulheres conhecidos como santos e eles recebem apenas uma fração do espaço que realmente merecem. Para melhor realçar suas qualidades, as 45 figuras aqui mencionadas foram agrupadas sob títulos que descrevem sumariamente seus principais atributos. Esses títulos também se prestam a fornecer uma visão geral de parte da história do cristianismo.

As histórias dos santos e a arte utilizada para mostrá-las provêm de fontes diversas. Alguns viveram muito antes de se elaborarem relatos históricos acurados; outros são tão lendários que não há meio de verificar sua existência. Outros ainda ficaram na memória, é claro, devido a seus escritos e a vida de uns poucos foram registradas por quem os conhecia bem. Na maioria dos casos, as histórias aqui contadas e a arte aqui exibida são bem-fundamentadas. Haverá exemplos em que tal não é o caso, pois, assim como se dá com a vida, toda história tem várias facetas e todo conto tem discrepâncias. O mesmo acontecerá com os relatos deste livro. Uma coisa, porém, é verdadeira para todos eles: seu amor tornou nosso mundo melhor.

Se a única prece
que proferires em toda a tua vida
for um "Obrigado",
isso bastará.
— Mestre Eckhart (1260-1327)

Quem são os santos?

Anjos

A palavra "anjo" vem do grego *angelos* e significa "mensageiro". Como todas as religiões, o cristianismo se ocupa da relação entre os seres humanos e o sobrenatural — a esfera em que encontramos Deus, o ponto onde se dá a transformação.

Essa relação com o sobrenatural, pensa-se, pressupõe mensageiros divinos enviados para nos instruir, informar e dirigir. Os anjos são puro espírito, ou seja, não têm corpos materiais. Suas mensagens são muito claras, mas só as ouvem quem tem ouvidos para ouvir.

Os nomes dos Arcanjos terminam com o sufixo "el", que quer dizer "em Deus". Os mais conhecidos são Miguel, Rafael, Gabriel e Uriel. Miguel ("aquele que é semelhante a Deus") é o anjo da misericórdia, do arrependimento, da virtude. Rafael ("poder da cura de Deus") é o anjo da prece e do amor. Gabriel ("força de Deus") é o arcanjo da revelação. Uriel ("luz de Deus") é o arcanjo da transformação e da iluminação.

São Miguel Arcanjo

Conta-se a história de uma grande batalha no Céu em que os anjos caídos, sob o comando do demônio Lúcifer, se rebelaram contra Deus. Miguel, à frente dos anjos fiéis, derrotou as hostes do mal e expeliu-as. Devido a essa vitória, os antigos judeus encaravam o anjo Miguel como o protetor especial de Israel. Na teologia cristã, ele se tornou o defensor da Igreja.

São Miguel tem quatro deveres:
- Continuar a guerra contra tudo o que é mau no mundo.
- Salvar as almas dos fiéis, sobretudo na hora da morte.
- Proteger o povo de Deus.
- Conduzir as almas dos que acabam de partir desta vida e levá-las a julgamento.

É muitas vezes pintado empunhando uma balança, com a qual pesa e determina a inocência de cada alma.

São Gabriel Arcanjo

A Bíblia registra diversas aparições do arcanjo Gabriel. Ele foi enviado duas vezes ao profeta Daniel. Na segunda ocasião, o profeta estava orando e Gabriel informou-o da data do primeiro advento do Messias. Devido a isso houve enorme expectativa entre os judeus na época em que Jesus estava por nascer. Essa expectativa aumentou ainda mais quando Gabriel se apresentou a Zacarias, o sacerdote e marido de Isabel, mãe de João Batista, e depois a Maria, grávida de José e que deu à luz Jesus.

Quando Jesus nasceu em Belém, um glorioso sinal da aprovação divina foi avistado por pastores num campo próximo. Um anjo desceu até eles, enchendo-os de temor. E, subitamente, apareceu com o anjo, "uma multidão da milícia celestial, louvando a Deus e dizendo 'Glória a Deus nas alturas e paz na terra aos homens a quem ele quer bem'".

Personagens bíblicas

Da vida de Jesus, participaram as primeiras pessoas que conhecemos como santos. Anjos e profetas anunciaram-lhe a vinda; Maria o pôs no mundo; e amigos próximos, enquanto ele viveu, devotaram-se de coração a seus ensinamentos. Os fatos e as relações que povoaram a existência de Jesus foram santificados. Os mais próximos foram abençoados, pois reconheceram-lhe a divindade e, durante a vida dele, partilharam sua sabedoria e amor.

Uma longa linhagem de profetas falou ao povo hebreu durante os séculos que precederam o nascimento de Jesus. Isaías, Jeremias, Ezequiel e Daniel — grandes videntes do passado — anunciaram-no. João Batista, profeta ainda nos dias de Jesus, discursou com veemência para grandes multidões, preparando o caminho do mestre e proclamando a quem quisesse ouvir que "o reino do Céu está próximo". Todos os profetas sabiam, do fundo da alma, que uma grande revolução eclodiria com o advento de Cristo.

Maria, a Santa Virgem, e o carpinteiro José trouxeram Jesus a este mundo. Isabel e Zacarias eram os pais de João, que o batizou. Juntos, esses santos nos falam do amor paterno, devoção e confiança. Representam a perfeição e o aspecto mais sublime da fé: um coração devotado. Com inigualável humildade, cuidaram da criança inocente que se tornaria o novo Messias.

Maria Madalena, amiga e seguidora de Jesus, é um arauto da transformação que se pode operar por meio do amor e das lições do mestre. Por ser a primeira pessoa a quem o Cristo ressuscitado apareceu, Maria Madalena foi abençoada como discípula e santa. Como aquela que, diz a lenda, ungiu simbolicamente os pés do Senhor, ela desempenhou um antigo rito pelo qual a graça desceu sobre sua cabeça e acendeu ali a chama da devoção.

Personagens bíblicas

Santa Maria, mãe de Jesus

Talvez a mais amada das santas, Maria ou Miriã representa o amor e a devoção daqueles que buscam amparo e salvação no seio da Igreja.

Jovem ainda, vivia em Nazaré, onde se casou com um homem chamado José. Certo dia entrou em êxtase ante a visão do anjo Gabriel, que lhe apareceu dizendo: "Salve, o Senhor esteja contigo!"

"Maria, não temas; porque achaste graça diante de Deus. Eis que conceberás e darás à luz um filho, a quem chamarás pelo nome de Jesus. Este será grande e será chamado Filho do Altíssimo; Deus, o Senhor, lhe dará o trono de Davi, seu pai. Ele reinará para sempre sobre a casa de Jacó, e o seu reino não terá fim."

Maria, que ainda era virgem, disse ao anjo: "Como será isto, pois não tenho relação com homem algum?" O anjo replicou que o Espírito Santo, por um mistério maravilhoso e insondável, formaria em seu ventre uma criança que seria conhecida como Filho de Deus.

Santa Isabel

Gabriel disse a Maria que Isabel, sua prima tida por estéril, também concebera um filho, explicando que nada é impossível a Deus.

Depois que Gabriel partiu, Maria foi visitar Isabel e encontrou-a no sexto mês de uma gravidez miraculosa. Quando Maria entrou no quarto, a criança saltou de alegria no ventre de Isabel e esta teve um súbito vislumbre místico. "Bendita és tu entre as mulheres", clamou ela, "e bendito o fruto do teu ventre! E de onde me provém que me venha visitar a mãe do meu Senhor?"

A gravidez de Isabel era surpreendente porque ela e o marido Zacarias já estavam velhos e nunca tinham conseguido ter um filho. Percebendo que ela estava grávida, Zacarias nada disse. Era sacerdote e estava certa feita servindo no templo quando Gabriel apareceu-lhe, saudando-o com a boa nova de que ele e a esposa iriam ser pais. Zacarias, perplexo, pediu um sinal e o anjo disse-lhe que ficaria mudo até se darem os acontecimentos previstos. Zacarias, com efeito, perdeu a voz e nada pôde explicar à esposa.

Personagens bíblicas

São João Batista

O filho nascido de Zacarias e Isabel nos é conhecido pelo nome de João, o Batista. Foi o último dos profetas. Jovem ainda, viveu como eremita no deserto da Judéia. Por volta dos trinta anos, começou a pregar nas margens do rio Jordão contra o mal dos tempos. Conclamava o povo ao arrependimento e ao batismo, avisando que "o Reino de Deus está próximo".

Um dia Jesus foi ter com João. Identificando-o como o Salvador que ele próprio vinha anunciando, João o batizou dizendo: "Eu é que preciso ser batizado por ti." Depois, dirigiu-se a ele como "o Cordeiro de Deus que tira os pecados do mundo" e reconheceu-o como o Messias. João convenceu muitos de seus próprios discípulos a seguir Jesus.

Receoso do grande poder de João, Herodes Ântipas mandou prendê-lo numa fortaleza junto ao Mar Morto. João denunciara o casamento adulterino e incestuoso do rei com Herodíade e foi decapitado em conseqüência do pedido vingativo de Salomé, filha de Herodíade, que lhe exigiu a cabeça em troca de uma exibição de dança para Herodes.

Santa Maria Madalena

Maria Madalena é chamada de "a Penitente" por causa de uma história, no evangelho de Lucas, que depois se ligou ao seu nome. Quando Jesus foi cear na casa de um homem rico, ela entrou na sala e caiu-lhe aos pés, lavando-os com lágrimas. Depois, enxugou-os com os longos cabelos e ungiu-os com óleo perfumado.

Jesus disse-lhe: "Tua fé te salvou; vai em paz." Maria Madalena, desde então, passou a servir fielmente o mestre e postou-se ao pé da cruz de seu suplício. Depois que o corpo de Jesus foi depositado no sepulcro, Maria apareceu para ungi-lo com ervas aromáticas. Não encontrando o corpo, começou a chorar e, vendo alguém que tomou pelo jardineiro, perguntou-lhe se sabia para onde haviam sido levados os despojos de seu amado senhor. O estranho falou-lhe numa voz que ela conhecia muito bem: reconheceu-o como Jesus, que se levantara dos mortos.

Reza a lenda que muitos anos depois Maria, acompanhada de vários outros amigos íntimos do mestre, foi posta num barco sem remos nem vela. Avançaram a esmo pelo mar e desembarcaram nas praias do sul da França, onde Maria Madalena passou o resto de seus dias meditando numa caverna. Os anjos, ao que se diz, alimentavam-na.

Apóstolos

Os apóstolos são os doze homens que Jesus atraiu para si e escolheu doutrinar mais minuciosamente. Tratava-os como irmãos e preparou-os para ensinar sua mensagem ao mundo inteiro. (A palavra grega *apostolos* significa "enviado".)

Exceto Mateus, que trabalhava como coletor de impostos, esses homens eram incultos, a maioria pescadores, e durante o tempo de convivência com Jesus mostraram-se às vezes incapazes de entender o significado de seus ensinamentos. Mas, mesmo assim, seguiam-no para toda parte, de coração aberto pelo amor do mestre e mente iluminada pela devoção que sentiam.

A princípio Jesus enfrentava seu ceticismo com pequenos milagres e palavras de sabedoria; à medida que foram crescendo em amor, participaram de eventos verdadeiramente extraordinários. Ouviam os sermões de Jesus, viam-no curar os doentes e tentavam compreender quando ele falava em parábolas aos curiosos. Juntamente com muitos outros simpatizantes, os apóstolos testemunharam sinais miraculosos de sua presença divina e estiveram atentos ao Sermão da Montanha, quando o mestre enumerou as bênçãos que aguardavam quem o seguisse.

Os doze apóstolos de Jesus eram:
Simão, chamado Pedro, "a Rocha"
André, irmão de Pedro
João, filho de Zebedeu
Tiago o Maior ou "Maior", irmão de João
Filipe
Mateus, às vezes chamado de Levi
Bartolomeu
Tomé, também conhecido como Dídimo ou "o Gêmeo"
Tiago o Menor, ou "Menor", irmão de Judas
Judas Tadeu, às vezes chamado Mateus Lebeu
Simão, o Cananeu, às vezes chamado "Simão, o Zelote"
Judas Iscariotes

O último deles, Judas Iscariotes, traiu Jesus e logo depois, tomado de remorsos, enforcou-se numa árvore após a ressurreição do mestre. Seu lugar foi ocupado por Matias, que os outros apóstolos escolheram por sorteio.

Nos primeiros tempos do cristianismo, todos os apóstolos de Jesus foram chamados "santos" e assim São Paulo se referia a eles em suas epístolas a diversas igrejas.

Apóstolos

São Pedro

Um jovem pescador conhecido como Simão foi alcunhado de Pedro ("a pedra") por Jesus, que lhe disse: "Sobre esta pedra edificarei a minha Igreja." Pedro é chamado freqüentemente de Príncipe dos Apóstolos. Durante a Última Ceia, Jesus confidenciou-lhe que ele o negaria; e com efeito, após a prisão, um Pedro amedrontado jurou três vezes que não conhecia o mestre. Arrependido do que fez, foi mais tarde perdoado.

Uma história muito popular nos mostra São Pedro andando sobre as águas. Estava pescando ao largo quando sobreveio uma tempestade, no auge da qual surgiu Jesus de pé à superfície do mar e chamou-o. Pedro desceu do barco e ensaiou alguns passos. Mas, dando-se conta do que estava fazendo, duvidou do seu bom êxito e abismou-se na água. Jesus o resgatou.

Pelo fim da vida, Pedro foi lançado à prisão pelo rei Herodes Agripa. Uma noite, adormeceu e sonhou que sua cela estava banhada de luz. Um anjo desceu, tomou-lhe a mão e levou-o para fora. As portas se abriram miraculosamente enquanto eles passavam pelos guardas, que simplesmente não os viram. Pedro acreditava estar sonhando, mas, uma vez longe da prisão, abriu os olhos e compreendeu que seu resgate fora real.

Santo André

André era irmão de Pedro e, como ele, pescador. Uma vez, deitou fora as redes e caminhou quilômetros em busca do profeta João Batista, que pregava às margens do Rio Jordão. Foi batizado por esse homem carismático e achava-se em meio à multidão quando Jesus se aproximou e João o identificou como o Messias. Após o batismo de Jesus, André correu para junto dele, ansioso por conhecê-lo e aprender mais de sua boca.

Pouco depois, levou seu irmão Pedro para conhecer Jesus. Junto com Pedro e seu primo João, André acompanhou Jesus e Maria a uma festa de casamento em Caná. Ali presenciaram o primeiro dos muitos milagres de Jesus, que então transformou a água em vinho. Terminada a festa, André e Pedro voltavam para casa, para suas redes de pesca, quando Jesus foi atrás deles, dizendo: "Segui-me e eu vos farei pescadores de homens." Agora discípulo, coube a André, por ocasião do grande ajuntamento de cinco mil homens, descobrir um menino cujos poucos peixes permitiram a Jesus alimentar a todos.

Diz-se que foi supliciado numa cruz em forma de "X" (*crux decussata*), vulgarmente conhecida como "cruz de Santo André".

Apóstolos

São Tiago Maior

Tiago foi chamado "Tiago o Maior" para distinguir-se de Tiago, filho de Alfeu. Um dia ele e seu irmão João estavam sentados em companhia do pai, remendando redes. Viram então seus amigos Simão e André trazer cestos repletos de peixes e depois se afastar a chamado de Jesus. Aproximando-se de Tiago e João, Jesus instou-os a fazer o mesmo que seus amigos; impulsivamente, sem hesitação nem discussão, os dois deixaram o barco e o pai, e seguiram o mestre.

Certa feita, tendo alguns taberneiros recusado acomodações aos judeus, os ultrajados irmãos pediram a Jesus que invocasse o fogo do céu para vingar o insulto. Jesus, porém, recusou-se, dizendo: "O Filho do Homem não veio para destruir vidas, mas para salvá-las." Depois disso, passou a chamar os irmãos de "Filhos do Trovão".

Um dia, Tiago e João confessaram a Jesus querer sentar-se ao seu lado quando ele entrasse no esplendor de sua glória. E, quando o mestre replicou que não sabiam o que estavam pedindo, mudaram a pergunta: Poderiam compartilhar de sua taça? Jesus assentiu e nos derradeiros dias antes de sua morte cumpriu a promessa: durante a Última Ceia, eles beberam de sua taça.

São João

João, filho de Zebedeu e irmão de Tiago Maior, tornou-se conhecido como "o discípulo amado" e foi o único dos doze que não desamparou Jesus na hora de sua paixão. Era um dos companheiros mais queridos do mestre e, na Última Ceia, sentou-se à sua direita. Durante o julgamento, não deixou de estar presente. Nos derradeiros instantes, Jesus chamou-o para perto da cruz e pediu-lhe que cuidasse de sua mãe, Maria: "Mulher, eis aí teu filho", murmurou ele. E, voltando-se para João: "Eis aí tua mãe."

Na noite da crucificação, o corpo morto de Jesus foi descido da cruz, embalsamado e depositado num sepulcro em forma de caverna, cuja entrada os discípulos fecharam com uma grande pedra. Três dias depois a cova estava vazia e João, um dos primeiros a perceber o que acontecera, proclamou com fé inabalável que seu mestre ressuscitara dos mortos.

Em idade mais avançada, João fundou igrejas na Ásia Menor. Conta a tradição que, levado a Roma, foi jogado num caldeirão de óleo fervente, do qual saiu ileso. Sobreviveu a todos os outros apóstolos e morreu bem idoso.

Apóstolos

São Tomé

A história do "Desconfiado Tomé" é muito conhecida — e, com efeito, sua dúvida era natural, pois Cristo fora pregado a uma cruz, lancetado e sepultado por três dias. Como poderia estar vivo? Quando o informaram da aparição de Jesus ressuscitado, Tomé declarou: "Se eu não vir nas suas mãos o sinal dos cravos, e ali não puser o meu dedo, e não puser a minha mão no seu lado, de modo algum acreditarei." Quando Jesus lhe apareceu, ele bradou: "Meu Senhor e meu Deus!", asseverando sua fé na divindade do mestre.

A história da dúvida de Tomé é, na verdade, a de sua confiança apaixonada no mestre. Em outra ocasião, tendo sido expulso de Jerusalém por causa de seus ensinamentos, Jesus soube que seu bom amigo Lázaro estava gravemente enfermo ou talvez morto. O mestre preparou-se para visitá-lo nas cercanias de Jerusalém, apesar do risco que correria. Quando iniciou a jornada, os discípulos se lhe opuseram, argumentando que Lázaro provavelmente já falecera e a viagem não teria nenhum propósito concreto, podendo, isso sim, causar-lhes problemas. Foi Tomé quem insistiu em ir, dizendo: "Vamos também nós para morrer com ele."

São Tiago Menor e São Judas

Tiago e Judas eram irmãos e, ao que tudo indica, parentes de José ou de Maria. Segundo uma história, Tiago se parecia tanto com Jesus que era difícil distingui-los. Isso talvez explique por que o beijo de Judas foi necessário, à noite, para se efetivar a prisão de Jesus no Jardim de Getsêmani. Impunha-se, certamente, que Jesus e não Tiago fosse detido pelos soldados.

Judas era também conhecido como Tadeu ou Mateus Lebeu. O significado aramaico tanto de Tadeu quanto de Lebeu é "bem-amado" ou "caro ao coração". Uma das últimas perguntas a que Jesus respondeu foi-lhe feita por Judas. Pouco antes de o mestre iniciar suas preces no jardim de Getsêmani, na iminência de ser preso, Judas quis saber como ele se lhes revelaria no futuro.

Jesus explicou: "Se alguém me ama, guardará a minha palavra; e meu pai o amará, e viveremos para ele e faremos nele morada."

Apóstolos

Evangelistas

Os evangelistas são os homens que escreveram os quatro Evangelhos — livros da Bíblia que narram a vida e os ensinamentos de Jesus. Os Evangelhos forneceram o material que se tornaria o alicerce do cristianismo.

A palavra "evangelho" significa literalmente "boa nova" e, até o início do século XX, esses livros eram interpretados sobretudo como biografias de Jesus. Recentemente, especulou-se que as histórias sobre sua vida e ensinamentos foram transmitidas oralmente, podendo ter havido inúmeras versões discrepantes. Os quatro evangelistas apenas reuniram as histórias e dispuseram-nas em boa ordem.

Os evangelistas são tradicionalmente identificados como Mateus, Marcos, Lucas e João. Os Evangelhos dos três primeiros oferecem uma visão similar do que aconteceu. O de João é bem diferente e foi, sem dúvida, escrito muito depois dos outros. Pode ser que o autor seja um discípulo de João, inspirado por suas recordações.

São Mateus

Reza a lenda que, após a ressurreição de Jesus, Mateus permaneceu na Palestina enquanto os outros apóstolos se dispersavam e que lhe foi pedido para registrar, na memória, a vida e os ensinamentos do Messias. No entanto, segundo os estudiosos, ele foi provavelmente um discípulo da segunda geração, sem vínculos com o discípulo Mateus, e que seu Evangelho, redigido na Síria, data do ano 85 ou 90.

O Evangelho de São Mateus, dirigido às comunidades de judeus e cristãos não-judeus, tenta aliciar simpatizantes de todos os credos. Começando pela concepção miraculosa de Jesus, Mateus escreve seu livro como a história da salvação, dividindo-a em duas partes: o período de profecia e o período de cumprimento. A vida de Jesus é vista como a concretização da promessa feita tanto ao povo de Israel quanto ao povo de um reino muitíssimo maior.

Mateus afirma que quem seguir Jesus se tornará filho de Deus e viverá no Seu reino até o fim dos tempos. O grande reino, prossegue ele, está ao alcance de fiéis de todas as nações.

São Marcos

O Evangelho de São Marcos é o mais curto de todos e, certamente, foi o primeiro a ser escrito (a data usual é entre os anos 65 e 75). Embora o uso da narrativa para registrar a história espiritual fosse comum entre os judeus, não há nenhum paralelo exato dessa forma literária antes da época de Marcos. Com toda a probabilidade, Marcos foi o criador do gênero que hoje conhecemos como "evangelho".

Marcos era discípulo de segunda geração e a lenda o associa tanto a Pedro quanto a Paulo, com quem parece ter empreendido viagens missionárias. Marcos atribui muito do que escreve a seus mestres, rememorando com intenso fervor os episódios que eles testemunharam. Todavia, há detalhes da história que lhe oferecem dificuldades.

Escrevendo provavelmente em Roma, Marcos se dirige a uma comunidade que já sofria por causa de sua fé. Essas pessoas não logravam compreender bem a ressurreição de Jesus. Marcos explica-lhes então que seguir as pegadas do Messias implica padecer perseguições — mas, esclarece, o fato concreto da ressurreição significa que os fiéis serão recompensados no céu.

Evangelistas

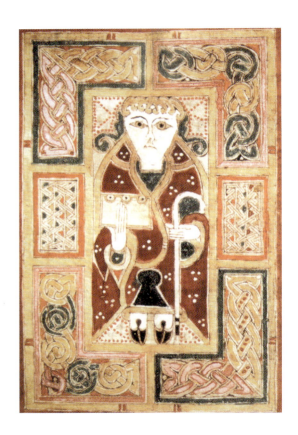

São Lucas

Acredita-se que Lucas tenha nascido na Grécia, sendo portanto um gentio. Era médico e artista. Conta-se que um retrato da Virgem Maria, a ele atribuído, foi encontrado em Jerusalém alguns anos após sua morte.

Embora Lucas não tenha sido testemunha dos episódios da vida de Cristo, algumas lendas informam que foi companheiro de São Paulo em algumas das primeiras viagens deste, tornando-se mais tarde discípulo. Lucas, após ouvir com atenção tudo o que lhe transmitiram, acrescentou depois seus próprios pontos de vista à história que escreveu.

Lucas, não contente de fornecer um relato completo dos passos de Jesus, foi adiante e redigiu também os Atos dos Apóstolos. Nesse livro, que agora se segue imediatamente na Bíblia aos Evangelhos, tentou imortalizar a aventura da nova e cada vez mais pujante doutrina nascida humildemente em Jerusalém, graças a um punhado de homens. Amealhou todas as informações que pôde com base nos relatos dos apóstolos.

O Evangelho de Lucas revela claramente a intenção de converter os gentios. Só nesse livro aparece a parábola do Bom Samaritano.

São João

Credita-se tradicionalmente a este apóstolo a redação de três Epístolas e um Evangelho, embora muitos estudiosos acreditem que a forma final do Evangelho haja sido dada por outros, algum tempo depois de sua morte. As reminiscências de São João teriam fornecido informações acuradas sobre o ministério de Jesus e os seguidores que se agruparam à sua volta na cidade de Éfeso podem muito bem ter-lhe completado a obra.

João viveu até idade avançada em Éfeso, onde passava os dias em preces e contemplação, refletindo sobre os eventos misteriosos e místicos da passagem de Jesus pela Terra. Fisicamente consumido pelo amor que devotava ao mestre, diz-se que a mensagem de João era muito singela. Àqueles que se reuniam para ouvir essa alma gentil, João ensinava simplesmente: "Filhinhos, amai-vos uns aos outros." Quando lhe sugeriam variar a mensagem, ele ficava surpreso, explicando que aquela era a doutrina essencial de Cristo e que "Se a aceitardes, tereis feito o bastante".

Evangelistas

MÁRTIRES

Nos três séculos que se seguiram à morte de Jesus, seus adeptos foram presos, torturados e mortos. O motivo mais óbvio para isso era que os primeiros cristãos não aceitavam a religião do Estado — fato tido pelas autoridades como uma traição. Rumores ameaçadores circulavam a respeito deles, acusando-os de tomar parte em reuniões secretas e praticar ritos bizarros.

Durante o reinado do Imperador Romano Nero, a perseguição chegou ao delírio, pois ele os acusava de ter ateado fogo em Roma. Ele condenou à morte milhares de homens e mulheres que se recusavam a cultuar os deuses de Roma. Cristãos da nobreza eram decapitados; os plebeus eram queimados ou atirados às feras.

Considerando-se o fim que tiveram, não surpreende o fato de os mártires terem sido mais tarde celebrados como santos. Seus ossos foram guardados em santuários e seus túmulos se tornaram locais de prece. A vida que levaram e a morte brutal que sofreram passaram a ser vistas como sacrifícios semelhantes à vida e à morte do próprio Cristo.

Santo Estêvão

Estêvão foi o primeiro cristão supliciado por suas crenças. Seu nome significa "coroa", numa alusão ao fato de ostentar a coroa de mártir.

Nos anos que se seguiram imediatamente à crucificação de Jesus, a Igreja primitiva cresceu de maneira tão rápida que os apóstolos logo precisaram de ajuda em seu trabalho. Ordenaram então sete auxiliares e Estêvão era um deles.

Os inimigos dessa Igreja primitiva não gostaram nada de vê-la prosperar com tamanho vigor e, quando ouviram Estêvão pregar, arquitetaram uma armadilha para ele. Inocente de qualquer crime, foi arrastado perante um conselho de sumos sacerdotes em Jerusalém, onde testemunhas falsas acusaram-no de blasfêmia. Santo Estêvão enfrentou aquela assembléia de inimigos sem medo, defendendo a fé cristã e insistindo em que Jesus Cristo era de fato o Messias. Até os membros do conselho viram em seu rosto os traços de um anjo.

Estêvão foi depois conduzido para fora da cidade e apedrejado até a morte.

São Dionísio (morto por volta de 258)

Nascido e criado na Itália, Dionísio partiu como pregador para Gália por volta do ano 250, por ordem do Papa Clemente. Estabeleceu sua base missionária numa ilhota do Sena, perto da cidade de Lutetia Parisorium, que se chamaria mais tarde Paris.

Ali foi detido pelos gauleses, juntamente com outros missionários que o haviam acompanhado. Após longo período na prisão e várias tentativas de execução fracassadas, Dionísio e dois de seus companheiros foram decapitados, tendo seus corpos atirados às feras. Miraculosamente Dionísio se ergueu do chão, deu alguns passos e segurou sua cabeça. Em seguida, dirigiu-se — com os anjos cantando ao lado — ao Monte dos Mártires (Montmartre), onde os três corpos foram finalmente sepultados.

Dionísio é tido como o primeiro bispo de Paris e cultuado como o santo padroeiro da França.

Mártires

São Tomás Becket (1118-1170)

Aos 24 anos, Tomás iniciou sua carreira na Igreja. Excepcionalmente dotado para a diplomacia, tornou-se amigo íntimo do jovem rei Henrique II da Inglaterra e, quando a Sé de Cantuária vagou, o monarca quis que ele fosse o novo arcebispo. Tomás replicou-lhe: "Se Deus permitir que eu seja arcebispo de Cantuária, logo perderei o favor de Vossa Majestade. A afeição com que me honrais logo se transformará em ódio." De fato, quando Tomás se opôs a Henrique numa questão eclesiástica, teve de fugir para a França. Os dois homens por fim se reconciliaram graças à intervenção do papa e Tomás voltou à Inglaterra. Todavia, em breve deixava novamente o rei furioso por excomungar alguns bispos. Henrique descontrolou-se. Quatro cavaleiros, ávidos do favor real, cavalgaram para Cantuária e bateram violentamente à porta da igreja.

"Fora, covardes! Uma igreja não é um castelo", gritou-lhes Tomás, mas eles entraram, derrubaram-no ao chão e mataram-no. Quando essa notícia chegou aos ouvidos do rei, ele se recolheu e jejuou por quarenta dias. Embora não fosse perfeito, Tomás Becket teve a coragem de dar a vida em defesa dos direitos da Igreja contra um Estado poderoso e agressivo.

Virgens mártires

Com base numa mentalidade que deitou raízes já nos primeiros tempos do cristianismo, as virgens mártires foram reverenciadas de um modo muito especial. Filósofos gregos da época insuflavam a idéia de que as mulheres, de alguma forma, eram inferiores aos homens. A Igreja antiga aferrou-se a isso e pintou-as como a origem do pecado.

Para os primeiros Pais, Eva representava os poderes da sedução e do sexo, outrora tidos como o umbral do divino, mas agora associados às tentações que levavam diretamente ao inferno.

Mulheres cristãs sofriam terrivelmente por não poder dar vazão a seu instinto sexual. Faziam-nas acreditar que, se perdessem a virgindade, tornar-se-iam criaturas imperfeitas cujo convívio seria espiritualmente danoso a seus parceiros. A fim de consolidar essa idéia, a Igreja estimulou a veneração de virgens mártires. Santa Úrsula e Santa Catarina de Alexandria são apenas duas, entre milhares, que padeceram morte cruel para defender sua castidade.

Santa Úrsula

Segundo uma lenda surgida no século X, Úrsula era filha de um velho rei cristão da Bretanha. Ele lhe arranjara casamento com um príncipe pagão — acordo a que a jovem se opôs.

Ela pediu ao pai para conseguir um adiamento da cerimônia, determinando que, se o noivo realmente quisesse desposá-la, deveria aceitar que ela empreendesse uma peregrinação a Roma, na companhia de dez mil virgens. O príncipe concordou e Úrsula partiu. Após longa jornada pela Europa, o grupo chegou a Colônia e logo se viu diante de uma horda de hunos invasores.

Úrsula conclamou as virgens a morrer pela espada de preferência a submeter-se à violência sexual dos hunos e ofereceu-se como primeira vítima. As dez mil virgens foram todas massacradas.

Mais tarde edificou-se uma igreja em Colônia para homenagear as virgens e a lenda de Úrsula ganhou o mundo. Contam-se várias versões dessa história.

Santa Catarina de Alexandria

Quando Catarina tinha dezoito anos, chamou a atenção do imperador romano Maxêncio, não pela beleza notável e a inteligência brilhante, mas por protestar publicamente contra a idolatria. Certa feita, diz-se, ela defendeu com tamanha habilidade suas crenças que deixou perplexos cinqüenta filósofos do imperador num debate teológico.

Maxêncio pediu Catarina em casamento, mas ela recusou. Por isso, foi espancada durante duas horas, metida num calabouço e finalmente jungida a uma roda eriçada de cravos que deu origem ao nome do fogo de artifício conhecido como "roda de Santa Catarina".

A roda se quebrou miraculosamente e os duzentos soldados que assistiam ao suplício converteram-se de pronto. Furioso, Maxêncio mandou degolar a todos, juntamente com Catarina. Conta-se que, ao morrer, leite manou de suas artérias seccionadas. Desde os tempos pré-cristãos o leite é símbolo de fertilidade, nutrição e cura, tendo sido usado mais significativamente na imagem da Virgem Maria amamentando o menino Jesus.

Virgens mártires

Fundadores e educadores

Os séculos que assistiram à disseminação da mensagem de Jesus assistiram também ao advento de numerosos fundadores, poetas, educadores e escritores. Sua tarefa consistia em manter vivo o espírito da doutrina, criando um contexto no qual as pessoas pudessem celebrar e praticar juntas a mensagem viva de Cristo. O trabalho de muitos santos foi dar estrutura à Igreja e fundar comunidades onde homens e mulheres se entregassem a uma vida de prece e contemplação. Iam pregando e escrevendo à medida que as idéias se desenvolviam e muito do pensamento religioso contemporâneo baseia-se em sua obra.

Pedro e Paulo foram os primeiros fundadores da Igreja. Viajando de um lugar para outro, começaram a formular os conceitos que, no futuro, estabeleceriam a nova religião cristã como uma das maiores tradições monoteístas do mundo.

Roma era, na época, a maior potência da Terra, uma nação belicosa cujo povo reverenciava inúmeros deuses. Sua força militar não tinha igual, seu governo era cruel e impiedoso. Os seguidores de Cristo espalhavam uma mensagem de amor e compaixão muito meritória — mas certamente não bem-vinda aos olhos da elite do império, que a considerava subversiva. Durante os primeiros quatrocentos anos nos quais os adeptos de Jesus conquistaram novos fiéis para o novo credo, imaginaram-se inúmeras histórias sobre supostos poderes mágicos do Deus cristão.

Em 312, Constantino, um dos dois governantes que disputavam o império romano, preparou-se para a batalha. Conta-se que, tendo lá suas dúvidas quanto aos deuses tradicionais, orou pedindo que a verdadeira divindade se manifestasse e o ajudasse. Avistou então uma cruz luminosa no céu com a inscrição: *In hoc signo vinces*" — "Com este sinal vencerás".

Aceitando aquilo como uma resposta à sua prece, ordenou que a imagem da cruz fosse gravada na armadura de seus soldados. Travou batalha e saiu vitorioso. Os cristãos presenciavam agora uma nova aliança celeste e os seguidores de Cristo não mais foram perseguidos. Setenta anos depois, o cristianismo tornava-se a religião oficial do império romano.

Por volta do ano 400, porém, o império começou a decair e tribos do norte, derramando-se pela Europa, saquearam Roma. O império entrou em colapso e no seu lugar surgiram pequenos reinos. Pelos mil anos seguintes, no período conhecido como Idade Média, a Igreja se transformou na força unificadora desses reinos, presidindo à formação do que é hoje a Europa.

Nessa época os papas de Roma cresceram em poderio e, por fim, reivindicaram autoridade absoluta sobre a Europa cristã, ditando-lhe tanto o tom político quanto o espiritual. Os santos que surgiram para orientar essa nova Igreja caminhavam sobre uma linha tênue entre a aceitação e a excomunhão. Eram homens e mulheres com larga experiência. Suas idéias haveriam de mudar a visão que as pessoas tinham da própria vida.

Como papas e revolucionários, os fundadores e educadores da religião cristã incluem São Pedro e São Paulo, que se dedicaram a converter povos, e São Jerônimo, um dos responsáveis por nossa versão atual da Bíblia. Santo Agostinho e outros como ele foram autores eloqüentes de textos em prosa e verso que articularam as vívidas paixões da alma cristã. Ao mesmo tempo, a lógica de um santo como Tomás de Aquino formulava as bases dogmáticas sobre as quais repousa agora a força do cristianismo.

São Pedro

Pedro é comumente chamado de o Príncipe dos Apóstolos. Reza a lenda que, com São Paulo, ele foi o fundador da autoridade cristã (ou Sé Papal) em Roma. Jesus apelidou-o de Cefas, que é o equivalente aramaico de "pedra" — numa alusão à rocha sobre a qual seria edificada a nova Igreja, pois Pedro parece ter sido a primeira pessoa a professar a crença de que Jesus era o Filho de Deus.

Há no Evangelho de Mateus um episódio no qual Jesus pergunta a seus discípulos quem pensavam que ele fosse. Pedro respondeu: "Tu és o Messias, o Filho do Deus vivo." Então, Jesus lhe afirmou: "Simão Barjonas, porque não foi carne e sangue que to revelaram, mas meu Pai, que está nos céus. Também eu te digo que tu és Pedro, e sobre esta pedra edificarei a minha igreja ... Dar-te-ei as chaves do reino dos céus: o que ligares na terra terá sido ligado nos céus; e o que desligares na terra terá sido desligado nos céus."

Após sua morte, Jesus apareceu aos discípulos junto ao lago de Tiberíades e deu a famosa ordem a Pedro: "Apascenta os meus cordeiros ... Pastoreia as minhas ovelhas."

São Paulo (3-65)

Originalmente chamado Saulo, Paulo converteu-se ao cristianismo e se tornou, ao lado de Pedro, o lendário co-fundador da primitiva Igreja de Roma. Uma das figuras mais importantes da primeira fase da expansão do cristianismo, Paulo escreveu extensivamente e seus pensamentos influenciaram profundamente os primeiros passos da Igreja. Ele via os homens como criaturas corruptas por natureza, acreditando ser impossível salvarmos nossas almas sem a ajuda e a orientação de Cristo.

Antes da conversão, Saulo era um judeu que odiava e perseguia os cristãos. Desempenhou papel de destaque na captura de membros da Igreja nascente e assistiu à lapidação de Estêvão, o primeiro mártir. Um dia, em caminho para atormentar os cristãos de Damasco, Saulo foi derrubado do cavalo. Estendido no pó, cegou-o uma visão na qual Jesus lhe disse que perseguir os cristãos era perseguir a Ele próprio. Três dias depois, Saulo foi miraculosamente curado de sua cegueira. Cheio do Espírito Santo, logo recebeu o batismo e mudou o nome para Paulo a fim de assinalar um novo começo de vida.

Fundadores e educadores

São Jerônimo (347-419)

Jerônimo nasceu de pais cristãos que lhe proporcionaram uma modelar educação romana na qual se incluíam lições de gramática, latim e grego. Depois, mandaram-no a Roma para estudar com um famoso gramático. Como ele próprio confessou: "Praticamente desde o berço vivi em meio a gramáticos, retóricos e filósofos."

Inspirado pela ética dos reclusos cristãos, Jerônimo tornou-se monge e viveu por três ou quatro anos numa pequena comunidade de fiéis de igual mentalidade, na Itália. Incitado por uma visão, resolveu pôr à prova sua fé extremada indo para o ermo. Não pôde, contudo, renunciar à sua querida biblioteca e à paixão pela palavra escrita.

Por isso, abandonou o deserto e foi para Antioquia, onde logo o papa lhe reconheceu os méritos como estudioso bíblico e encarregou-o de fazer uma nova tradução latina da Bíblia. Por essa época, uma variedade confusa de escrituras em diferentes línguas circulava pela jovem Igreja, a maioria com flagrantes inconsistências. Como disse Jerônimo mais tarde: "Havia quase tantas formas do texto quanto exemplares."

Santo Agostinho de Hipona (350-430)

Agostinho foi muito leviano na juventude. Sua mudança de caráter e conversão têm inspirado muitos que lutam para se livrar de maus hábitos.

Embora educado como cristão, Agostinho era um rapaz inquieto. Convencera-se de que o cristianismo seria a melhor religião para ele, mas não se considerava digno porque pensava nunca poder viver uma vida pura. Um dia, ouviu dois homens conversando. Haviam lido a história de Santo Antônio e se convertido imediatamente. Agostinho se sentiu muitíssimo envergonhado. "Que estamos fazendo?", perguntou a um amigo. "Pessoas incultas tomam o céu de assalto enquanto nós, com toda a nossa sapiência, somos tão covardes que nos espojamos na lama de nossos pecados!"

Foi batizado, tornou-se padre, bispo e escritor de uma famosa coletânea intitulada *Confissões*. "Nossos corações vos pertencem, Senhor, e não se aquietam até repousar em vós", escreveu. Santo Agostinho viveu na pobreza, amparou os pobres, pregou e orou com grande fervor. Na iminência da morte, lamentou-se: "Comecei a amar-vos tarde demais."

Fundadores e educadores

Santo Tomás de Aquino (1225-1275)

A decisão de Tomás de tornar-se frade mendicante chocou seus pais a tal ponto que tentaram dissuadi-lo encerrando-o na fortaleza da família por um ano inteiro. Firme no seu intento, ele entrou para a ordem dos dominicanos aos dezenove anos e foi estudar em Paris. Tornou-se calvo ainda jovem e engordou muito. Conta-se que mandou cavar na borda da mesa um crescente para acomodar sua enorme barriga. Tomás era dotado de notável poder de concentração e, às vezes, ditava a quatro secretários ao mesmo tempo. Passou a vida ensinando, estudando, escrevendo e viajando até morrer de exaustão aos 49 anos.

A obra de Tomás constitui o ápice das realizações intelectuais da Idade Média. Ele estudou textos árabes, judaicos e cristãos, fundindo-os numa exposição de teologia abrangente e ordenada. Em sua visão científica, razão e fé são coisas separadas, mas que se complementam. A razão ajuda a compreender a fé e a fé começa onde a razão atinge seus limites. A clareza e a lógica de sua exposição são ainda hoje reconhecidas, e sua obra-prima *Summa Theologica*, embora inacabada, tornou-se um texto teológico padrão.

Ascetas, pais do deserto, monges

Quando o cristianismo se impôs, os crentes não mais viveram sob a ameaça de perseguição e o martírio deixou de ser a expressão cabal da fé. Em conseqüência, os cristãos procuraram atingir a perfeição espiritual retirando-se do mundo para viver uma vida de isolamento e ascetismo.

Propriamente falando, o ascetismo consiste em ignorar o corpo com vistas a um objetivo espiritual. Os antigos gregos, cujo pensamento tinha muita influência na época, achavam que o corpo humano era inferior e corrupto; só o espírito podia ser considerado puro. Para alcançar os planos espirituais, acreditava-se que a carne devia ser suprimida.

A despeito das tremendas dificuldades que semelhante existência implica, os primeiros ascetas cristãos entregavam-se a ela devotamente e muitos deles experimentaram grandes alegrias na solidão. Confiando-se a Deus, aprenderam lições de humildade e fé; e, como não lhes sobravam distrações, puderam identificar o que os separava do Pai. A prece contínua ensinou-os a rejubilar-se nos prazeres simples do amor.

Histórias de eremitas passaram a circular, atraindo seguidores que faziam peregrinações nos desertos e terras inóspitas do Egito, Síria e Ásia Menor para conhecê-los e tornar-se eremitas eles próprios. Comunidades frouxamente organizadas surgiram à volta de anciãos carismáticos e a tradição solitária passou a inspirar um modo de vida coletivo.

Alguns desses homens e mulheres eram conhecidos como "anacoretas" (da palavra grega para "retiro") ou "eremitas" (vocábulo derivado do termo grego para "deserto") e "monges" ("solitários", em grego). Os "pais do deserto" constituíam um grupo influente de monges estabelecidos nos confins do Egito.

O modo de vida desses grupos antigos levou à fundação dos primeiros mosteiros cristãos. Sob a direção de homens como São Pacômio e Santo Antônio Abade, elucidaram-se os assuntos práticos da vida comunitária que permitiam a homens e mulheres entrar para um mundo de contemplação e prece em companhia de amigos igualmente interessados. Essa tradição levou milhares, ao longo dos séculos, a cultivar uma paz profunda e a alcançar estados transcendentais de júbilo e êxtase.

À medida que os mosteiros se multiplicavam, espalhando-se por toda a Europa, alguns deles foram se associando por seguir a mesma "regra" (um guia para o

Ascetas, pais do deserto, monges

modo de vida da comunidade). Uma das mais conhecidas era a regra de São Bento, que fundou um mosteiro na Itália cerca do ano 530. Bento queria que a vida do monge consistisse de prece e trabalho. Orientados pelos papas de Roma, outros monges se tornaram também eruditos e professores. Numa época em que poucos leigos sabiam ler ou escrever, os monges preservaram o acervo intelectual clássico que de outro modo se perderia.

Os monges oravam pela alma dos mortos, mas não esqueciam seus deveres mais práticos de cuidar dos doentes e socorrer os pobres. Na Idade Média, os mosteiros cristãos detinham praticamente todo o saber médico da época.

São Francisco, talvez o mais amado dos santos cristãos, decidiu viver o mais próximo possível do espírito de Jesus. Fundou uma ordem baseada na pobreza absoluta, prescrevendo a humildade e o amor como base de uma experiência mais profunda de Cristo. Uma amiga chamada Clara fundou uma ordem equivalente para mulheres.

São Pacômio (292-346)

Nascido no Egito, Pacômio fundou o primeiro mosteiro cristão prescrevendo-lhe refeições, trabalho, prece e disciplina em comum.

Aos vinte anos, Pacômio alistou-se no exército imperial e, acantonado em Tebas, foi recebido com muito carinho pelos cristãos locais. A experiência lhe calou fundo na alma e provocou sua conversão. Depois de batizado, fez-se discípulo de um eremita chamado Palemão. Juntos, levaram uma vida de extrema austeridade e total dedicação, combinando trabalho manual com prece constante, dia e noite.

Mais tarde, Pacômio sentiu-se chamado a edificar um convento às margens do Nilo. Palemão ajudou-o na obra e permaneceu ao seu lado por algum tempo. Não tardou e cerca de cem monges foram reunir-se a eles. Pacômio então os organizou segundo princípios que achava necessários para uma vida comunitária. Tamanho era o desejo, por parte dos que foram ao seu encontro, de emular a vida de Pacômio que ele se viu obrigado a construir outros dez mosteiros para os homens e dois conventos para as mulheres. Quando Pacômio morreu, havia já sete mil monges nas casas que ele fundara.

Santo Antônio Abade

Dois filósofos gregos aventuraram-se pelo deserto egípcio até o local onde vivia Antônio. Quando chegaram, Antônio lhes perguntou por que tinham vindo falar com um homem tão tolo. Afinal, os visitantes eram gregos, oriundos da civilização mais admirada do mundo, enquanto ele não passava de um pobre-diabo que vestia peles de animais, recusava banhar-se e vivia apenas de pão e água. Aqueles eram filósofos, proficientes em línguas e retórica, ao passo que Antônio sequer freqüentara a escola. Aos olhos deles, disse o eremita, deveria parecer um louco.

Mas os filósofos gregos tinham ouvido histórias intrigantes sobre Antônio. Por exemplo, que suas palavras confortavam os sofredores e sua sabedoria suscitava verdadeiro júbilo. Asseguraram-lhe que o vinham visitar porque o consideravam um sábio.

Antônio suspeitou que o que eles queriam era polemizar sobre o cristianismo e o valor da vida ascética, de sorte que se recusou a fazer seu jogo. Explicou-lhes que, se de fato o achavam sábio, deviam imitar a existência que ele levava. "Se eu fosse até vós, imitar-vos-ia; mas, como viestes até mim, tornai-vos o que sou — um cristão."

Ascetas, pais do deserto, monges

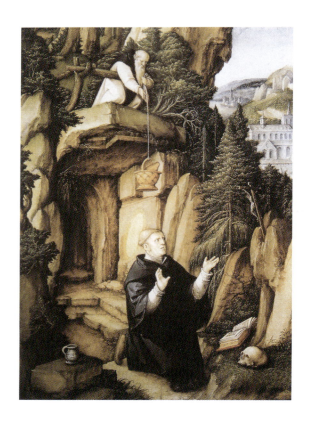

São Bento (480-547)

Jovem ainda, Bento foi enviado a completar sua educação e estudar retórica em Roma, mas ficou desanimado ante a falta de disciplina e a leviandade dos colegas. Temendo por sua alma, renunciou à herança paterna, deixou Roma e foi para uma aldeia.

Sentindo-se chamado a uma solidão ainda maior, subiu as montanhas para tornar-se eremita sob a direção de um asceta chamado Romano. Viveu numa gruta por três anos, onde, ao que se diz, foi alimentado por um corvo. Após anos de preces, sua fama atraiu monges das imediações, que o procuraram para dele fazer seu líder. Bento advertiu-os de que seria muito rigoroso, mas os monges insistiram. Mais tarde, quando a advertência se revelou verdadeira e eles tentaram envenená-lo, Bento abençoou o cálice com vinho e tornou-o inócuo.

Quase no fim da vida, Bento estabeleceu uma regra para seu grupo, a que chamou Ordem dos Beneditinos, e fundou doze mosteiros. Prescrevia uma vida simples de prece e trabalho, e, por fim, substituiu o regime antigo, muito severo, por outro mais flexível. Chamou-o de "escola do serviço do Senhor, na qual não queremos nada de penoso ou difícil de cumprir".

São Francisco de Assis (1182-1226)

Francisco nasceu em Assis, cidade da Itália central. Seu pai era um rico mercador de tecidos, mas Francisco, rapaz jovial, gostava mesmo era das canções dos trovadores. Quando tinha cerca de vinte anos, participou de uma guerra local, foi capturado, amargou um ano de prisão e logo depois adoeceu gravemente. Após recuperar a saúde, comprou um corcel de batalha e uma armadura, saindo a campo para lutar de novo, desta feita sob a bandeira de um famoso cavaleiro. Antes de chegar à frente de combate, teve um sonho no qual lhe era ordenado voltar e "servir o mestre, não o homem". Francisco deu meia-volta, regressou a Assis e começou imediatamente a levar uma vida mais austera. Trajando um simples manto, devotou a vida aos doentes e rejeitados. De uma feita, trocou de lugar com um mendigo. De outra, sufocou uma profunda aversão e beijou um leproso — que, segundo alguns, era o próprio Jesus.

Um dia, orando na capela, ouviu uma voz que lhe dizia: "Francisco, vai e repara a minha casa." Sem entender as implicações dessa mensagem, Francisco pôs-se a reconstruir a igrejinha desmantelada de São Damião, após vender o cavalo e alguma mercadoria do pai para comprar o material. Confrontando o pai irado, Francisco despiu-se e, repudiando-o em nome do seu Pai espiritual, disse: "Pai nosso que estais nos céus ... quero ir nu para o paraíso."

Ascetas, pais do deserto, monges

Após ouvir a leitura da passagem evangélica onde Jesus pede ao mancebo rico que venda todo o seu patrimônio e entregue o dinheiro aos pobres, Francisco recusou-se a possuir fosse lá o que fosse. Mendigava pão e abrigo diariamente, e seu amor ao cavalheirismo transformou-se em amor à indigência, a quem chamava com afeto de Senhora Pobreza. Moldou sua vida a exemplo de Jesus e estava sempre alegre, respeitando todas as criaturas de Deus, animadas ou inanimadas.

Depois de atrair certo número de adeptos, elaborou uma regra segundo os ensinamentos de Cristo e alguns anos depois ajudou a fundar uma outra ordem para mulheres, que passou a ser conhecida como Clarissas Pobres. Redigiu ainda uma terceira regra, para leigos de ambos os sexos que não se sentiam capazes de levar uma vida comunitária. As três ordens prosperaram rapidamente pelo mundo inteiro.

Francisco era tão dedicado que queria imitar em tudo a vida de Jesus. Um dia, um serafim alado apareceu-lhe e garantiu que seu desejo iria se realizar. O corpo de Francisco se cobriu de estigmas, as cinco chagas das mãos, pés e ilharga de Cristo. Dois anos depois, morria.

Santa Clara de Assis (1194-1253)

Clara era filha de um conde e de uma condessa de Assis. Tendo certo dia ouvido Francisco pregar numa rua da cidade, aproximou-se dele e confidenciou-lhe que desejava viver também para Deus. Os dois se tornaram amigos. No Domingo de Ramos que se seguiu, o bispo de Assis presenteou-a com uma palma, que ela tomou por um sinal divino, e, junto com a prima Pacífica, abandonou o lar naquela mesma noite. Cortou os cabelos, renunciou a todas as suas posses e iniciou vida nova.

Clara meditava diariamente e vivia na estrita observância da regra de São Francisco — uma vida extremamente simples, sem nenhum prazer mundano. Ela dependia unicamente de esmolas, confiando em Deus para a satisfação de suas necessidades. Clara fundou a Ordem das Clarissas Pobres, que dirigiu por quarenta anos. Onde quer que os franciscanos se estabelecessem na Europa, iam logo para lá as Clarissas Pobres.

Clara era uma mulher gentil, animada por um amor imenso à natureza. Administrava seu convento com muita alegria. São Francisco, quando morreu, pediu que seu corpo fosse levado para Assis passando pelo convento de Clara, a fim de que ela lhe pudesse lavar os pés.

Ascetas, pais do deserto, monges

Visionários e místicos

A palavra "misticismo" deriva do grego *mystikos*, que significa "penetrar os mistérios", e implica alcançar diversos estados de experiência extática. Esses estados são reais. Resultam, não do afastamento do mundo em sentido físico, mas sim do mergulho em si mesmo.

Muitos escritos datando da época de Jesus são profundamente místicos por natureza. Com base neles, podemos deduzir que o mestre ensinava em diversos níveis. Indo de um lugar a outro, falava a quem o quisesse ouvir. Aos olhos de alguns, ele era um taumaturgo, um orador inspirado. Entretanto, Jesus obviamente se dedicava mais àqueles que de fato pretendiam descobrir a natureza do seu ser e vivenciar seu próprio relacionamento com Deus. Pela leitura do Evangelho de Tomé, percebe-se que boa parte dos ensinamentos de Jesus enfocava os mistérios e a experiência interior.

Com a evolução da nova doutrina, muitos homens e mulheres — a quem conhecemos como visionários e místicos cristãos — voltaram-se para dentro de si mesmos a fim de encontrar Deus.

Alguns toparam sem querer com as portas misteriosas que os convidavam a entrar; outros chegaram até elas por decisão consciente. A jornada interior é árdua e complexa, mas suas recompensas são mesmo as do Reino de Deus. Os escritos poéticos e extáticos dos grandes visionários e místicos atestam o júbilo garantido a quem alcança esses estados.

Santa Teresa de Ávila parece ter sido uma dessas pessoas que encetaram conscientemente a jornada para o mundo interior. Talvez a pureza e a inocência do seu coração é que a tenham conduzido até lá, pois considerava Deus um amigo querido e um amante místico. São João da Cruz descreve as profundezas da alma, com suas sombras e cumes radiantes, enquanto Santa Catarina de Siena relata em detalhe as experiências místicas do seu coração. Hildegarda de Bingen foi uma visionária que escreveu por ordem de Deus. Seus poemas e hinos estão repletos de símbolos e palavras inventadas que falam alegoricamente dos mistérios dos mundos interiores.

Visionários e místicos

Evangelho de Tomé

No século passado, descobriram-se inúmeros escritos evangélicos antigos. O mais famoso é o de Tomé. Às vezes chamado "o Quinto Evangelho", começa assim: "Estas são as palavras que o Jesus vivo proferiu e que Dídimo Judas Tomé registrou."

Esse Evangelho tem a forma de uma coletânea de sentenças muito bonitas em sua simplicidade e claramente místicas em sua origem. Ao contrário dos Evangelhos de Mateus, Marcos, Lucas e João, que descrevem vários episódios da vida de Cristo, o Evangelho de Tomé é apenas uma compilação dos ensinamentos espirituais do mestre.

Discute-se ainda sobre quando esse Evangelho foi composto. Alguns sustentam que, como ele consiste pela maior parte de material original, deve ter sido transcrito de uma tradição oral e redigido, portanto, já no ano 50.

No Evangelho de Tomé, vemos o místico Jesus ensinar que o "Reino de Deus" está aqui e agora. Ele é um sábio, um homem humilde com uma vigorosa mensagem que conclama os ouvintes a mergulhar dentro de si mesmos. Jesus os incentiva a encontrar o tesouro eterno oculto na alma de cada ser humano.

Santa Teresa de Ávila (1515-1582)

O pai de Teresa era um homem pio e intransigentemente honesto. A mãe dela gostava de ler romances e, como o marido a censurava por isso, escondia-os. Teresa se sentia embaraçada — sobretudo porque, também ela, apreciava aqueles livros. O pai lhe ensinara a nunca mentir, mas a mãe pediu-lhe que não contasse nada a ele. Mais tarde Teresa confessou que sempre temeu errar, não importa qual das duas coisas fizesse.

Quando Teresa tinha dezesseis anos, o pai concluiu que ela estava fora de controle e enviou-a para estudar num convento. A princípio a jovem detestou o lugar mas, aos poucos, foi aprendendo a ficar à vontade — em parte devido ao seu amor crescente a Deus, em parte porque o convento era bem menos austero do que a casa paterna.

Depois de enfrentar problemas de saúde por muito tempo, contraiu uma doença tão grave que chegaram a lhe cavar o sepulcro. Ficou inválida por três anos e nunca se recobrou inteiramente. Santa Teresa descobriu, segundo ela própria relatou, que "a prece é um ato de adoração a Deus, sem necessidade de palavras. Ainda que a doença venha a confundir os pensamentos, bastará a vontade de amar."

Visionários e místicos

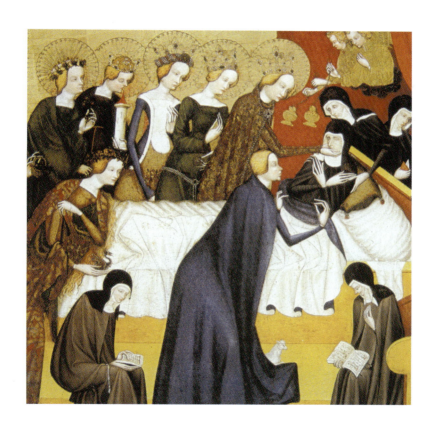

São João da Cruz (1542-1591)

Depois da morte do marido, a mãe de João manteve os membros da família unidos enquanto eles vagueavam sem teto à procura de trabalho. João muitas vezes passava fome na cidade mais rica da Espanha. Aos catorze anos, tornou-se enfermeiro num hospital de doentes incuráveis e alienados mentais. Foi graças a essa experiência com a pobreza e o sofrimento que ele aprendeu a buscar a beleza e a felicidade, não no mundo, mas em Deus.

João ingressou na ordem dos Carmelitas e fez amizade com Teresa de Ávila, que lhe pediu ajuda para reformar o movimento. Os Carmelitas se sentiram ameaçados por essa medida e alguns membros de sua própria ordem raptaram João. Ele foi trancafiado numa cela minúscula e espancado três vezes por semana pelos monges. Só havia ali uma janela pequena perto do teto, mas apesar da escuridão, do frio e da desolação insuportáveis, o amor e a fé de João eram como fogo e luz. Nada lhe restava a não ser Deus — e esse amor profundo o confortou na cela minúscula.

Conseguindo escapar, escondeu-se na enfermaria de um convento, onde lia seus poemas para as freiras. Daí por diante João devotou sua vida a compartilhar e explicar sua experiência pessoal com o amor divino.

Santa Catarina de Siena (1347-1380)

Vigésima quinta filha de um tintureiro do norte da Itália, Catarina começou a ter experiências místicas aos seis anos de idade. Via anjos da guarda com tanta nitidez quanto as pessoas a quem eles protegiam. Sobreviveu à Peste Negra, à fome e a inúmeras guerras civis; ainda jovem, não tolerou mais a sociedade turbulenta à sua volta e decidiu ajudá-la. Pensou ingenuamente em vestir roupas de homem para tornar-se frade e mais de uma vez correu à rua a fim de beijar o chão que os dominicanos palmilhavam.

Mulher nova que era, experimentou o que mais tarde descreveu em suas cartas como um "casamento místico" com Cristo. Teve uma série de visões, depois das quais ouviu a ordem de deixar o convento e ingressar no mundo. Razões políticas lançavam um papa contra o outro e Catarina — espontânea, sem medo da autoridade e indômita em face da morte — teve papel de destaque na tarefa de convencer o papa de Avignon a regressar a Roma.

Em vida, Catarina teve inúmeras visões e êxtases, mas é mais lembrada por seus escritos inspirados.

Visionários e místicos

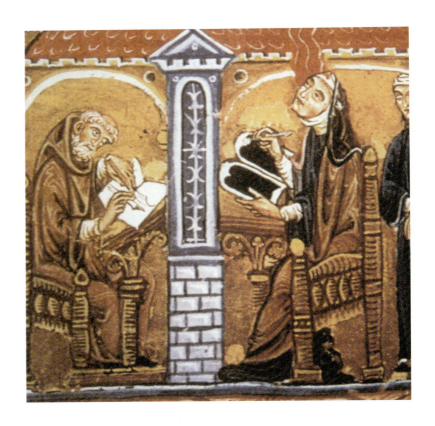

Santa Hildegarda de Bingen (1098-1179)

Como costumava acontecer ao décimo filho de uma família sem posses para garantir o sustento de todos, Hildegarda foi logo ao nascer entregue à proteção da Igreja. Aos três anos começou a ter visões de objetos luminosos. Não tardou a perceber que essa propensão era especial e ocultou-a por muitos anos.

Quando ela completou oito anos, a família enviou a estranha menina a uma anacoreta chamada Juta, encarregada de educá-la. Os anacoretas eram ascetas que se isolavam do mundo. Viviam em cubículos, quase sempre nas imediações de uma igreja para poderem acompanhar os serviços religiosos, com apenas uma janelinha a ligá-los ao resto da humanidade. Uma vez que iam praticamente morrer para o mundo, os anacoretas recebiam os últimos sacramentos antes de isolar-se. Hildegarda entrou na cela de Juta por uma porta estreita.

Por muitos anos, as únicas pessoas a quem falou sobre suas visões foram Juta e um monge. No entanto, numa dessas visões, acabou recebendo ordem para escrever tudo o que observara. Aqueles textos pareciam vir de Deus e multidões afluíram para ouvir as palavras de sabedoria que emanavam de seus lábios.

Missionários e samaritanos

Com o coração repleto de mensagens de amor, muitos santos cristãos se prontificaram a fazer o serviço de Deus. Com atos de caridade e compaixão, expressavam sua gratidão e louvor.

Missionários e santos samaritanos do cristianismo são aqueles que transmitiram a outros o espírito de Cristo. Em certo sentido, acenderam uma tocha que vem ardendo de geração em geração no mundo inteiro. Atos singelos de ternura são mensagens simples; e a do amor que Cristo pregou foi reforçada pelos atos dos samaritanos.

A bela história de São Martinho de Tours é exemplo de um samaritano em ação. Ansioso por ajudar os desventurados, ele levou a mensagem cristã ao interior da Gália. Avistando certa feita um mendigo, rasgou seu manto em dois e deu-lhe metade para que se aquecesse. Naquela noite Martinho teve um sonho no qual ouviu Jesus dizer-lhe: "O que fizeste para aquele pobre, fizeste-o para mim." Embora o mendigo talvez não tenha se convertido, ao menos associou a São Martinho a idéia de solidariedade.

Nos dias que se seguiram à morte de Jesus, São Paulo e outros transformaram-no, de possível Messias dos judeus, em Salvador da humanidade. O cristianismo se tornou uma religião cujo potencial de proselitismo abrangeu todos os povos do mundo conhecido. A pregação sempre foi a grande paixão dos cristãos.

A diáspora judaica, no ano 70, também assistiu à dispersão dos cristãos do seu centro em Jerusalém, pois nunca aceitaram o culto oficial do Império Romano. Espalhando-se pelo Mediterrâneo, eles divulgaram a boa nova com um senso de premência, fazendo conversões onde e quando podiam. Para sobreviver, precisavam ter um movimento forte. Como sua mensagem de amor era essencialmente revolucionária, atraiu muitos que no fundo do coração contestavam o poderio de Roma. No século IV, Constantino declarou o cristianismo como religião oficial do império e o proselitismo foi sancionado. Com a gradual desintegração do poder romano e as conseqüentes invasões bárbaras, os missionários começaram a avançar para o norte, leste e oeste, partindo de Roma a fim de converter as tribos dispersas que com tanta bravura haviam desafiado o domínio romano.

São Patrício, famoso por suas obras na Irlanda, na verdade foi enviado para lá como escravo. Conseguiu fugir e depois voltou como bispo a um dos poucos países da Europa que Roma não conquistara. A Igreja que ele trazia foi aceita

Missionários e samaritanos

de braços abertos pelos irlandeses e mais tarde esses cristãos celtas ajudaram a manter o cristianismo vivo, quando os bárbaros assolaram a Bretanha.

À medida que o Ocidente ampliava sua influência pelo mundo, foram pessoas como São Francisco Xavier que levaram a religião cristã aos confins da Terra, convertendo infiéis por toda parte com um amor que voava em socorro dos necessitados. Diz-se que São Francisco Xavier era poliglota e, embora seja possível que conseguisse falar em qualquer idioma, o mais provável é que a universalidade de sua mensagem transcendesse as barreiras da língua e fosse passada de coração a coração. Era, afinal, uma mensagem de amor.

São Martinho de Tours (316-397)

Martinho alistou-se no exército romano quando tinha quinze anos, tornando-se guarda pessoal do imperador e mais tarde oficial. Por essa época foi batizado e, aos dezoito anos, pouco antes do início de uma batalha, anunciou que sua fé o proibia de lutar. Acusado de covardia, acabou na prisão por ordem de seus superiores. Como castigo, estes planejaram colocá-lo na linha de frente da batalha, mas os invasores pediram a paz, não houve luta e Martinho foi dispensado do serviço militar.

Procurando vivenciar a fé cristã, Martinho não permitia que seu criado o servisse. Uma vez, cavalgando na Gália, encontrou um mendigo e, nada tendo para lhe dar exceto as próprias roupas, rasgou seu grosso manto de soldado e deu metade ao infeliz. Mais tarde, numa visão, Cristo apareceu-lhe trajando o manto.

Martinho pregou e evangelizou no interior da Gália, onde os habitantes se aferravam às antigas crenças. Tentaram, em vão, intimidá-lo fantasiando-se de deuses romanos e aparecendo-lhe à noite. Martinho apenas ria de seus esforços e continuou a fazer prosélitos. Destruiu velhos templos e em seu lugar edificou igrejas.

São Patrício (387-461)

São Patrício da Irlanda é um dos santos mais populares do mundo. Nascido na Escócia, foi capturado quando tinha mais ou menos catorze anos e levado para a Irlanda como escravo, com a incumbência de pastorear ovelhas. A Irlanda, na época, era um antro de druidas e pagãos. Nesses primeiros tempos, Patrício aprendeu a língua e os costumes do povo local.

O cativeiro durou até ele completar vinte anos, quando escapou depois de ter um sonho no qual lhe era ordenado dirigir-se à costa. Num pequeno porto encontrou alguns marinheiros que o levaram de volta à Bretanha. Ali, reunido à família, passou muitos anos estudando na Igreja, antes de regressar à Irlanda.

Patrício era um homem pio, humilde e gentil. Com amor e total confiança em Deus, pregou por toda a Irlanda. Rodeado de discípulos, converteu milhares de pessoas e construiu inúmeras igrejas. Reis com suas famílias e povos inteiros se converteram ao cristianismo.

Para explicar a Trindade, Patrício usava o trevo, desde então associado a ele e à Irlanda.

Missionários e samaritanos

São Francisco Xavier (1506-1552)

Convicto desde a juventude de que queria ser jesuíta, São Francisco Xavier tornou-se missionário e partiu para Goa, na Índia, onde se diz que converteu a cidade inteira. Pregava nas ruas, cuidava dos doentes e ensinava o catecismo às crianças.

Enfrentando enormes dificuldades, como problemas de língua, fundos insuficientes e falta de cooperação por parte das autoridades européias, deixou a marca de seu zelo e energia em áreas que permaneceram cristãs durante séculos.

Foi notavelmente bem-sucedido como missionário na Índia, nas Índias Orientais e no Japão. Conta-se que comeu com caçadores de cabeças, lavou as chagas de leprosos e batizou dez mil pessoas num único mês. Suportava as mais duras condições em longas viagens marítimas, não fazia caso de extremos de calor e frio, procurava e socorria os pobres e deserdados aonde quer que fosse. São Francisco Xavier viajou milhares de quilômetros, na maioria das vezes de pés descalços, e conheceu quase todo o Extremo Oriente.

Lendas

Com o passar do tempo, histórias sobre certas pessoas foram tão repetidas, e de maneira tal, que seus personagens, homens e mulheres, se tornaram lendários. Alusões a seus feitos inspiraram esperança e fé. Às vezes, esses relatos se misturavam a lendas e mitos antigos. As histórias de certos santos desempenham papel de destaque em nossas vidas, pois se tornaram ensejo de feriados e comemorações. Como ícones, alguns nos protegem em momentos de tribulação ou em face do mistério.

São Valentim e São Nicolau são dois exemplos muito conhecidos de santos cujas comemorações correspondem a antigos festivais. A Igreja achou necessário manter a festa, mas mudou-lhe o motivo.

Nos velhos tempos da propagação do cristianismo, sucedia às vezes que venerandas figuras cultuais simplesmente não podiam ser extirpadas da mente popular. Assim, certas histórias — como a de São Jorge matando o dragão e São Cristóvão transportando o menino Jesus pelo rio — na verdade evoluíram a partir de velhos contos para criar figuras lendárias novas. As histórias transformadas acabaram por se insinuar na mentalidade coletiva e santos populares substituíram os antigos heróis.

São Jorge

Várias histórias se ligaram ao nome de São Jorge. A mais conhecida fala de um dragão que vivia num lago da Líbia. Exércitos inteiros haviam enfrentado essa horrenda criatura e fugido em desordem. O monstro devorava dois carneiros por dia e, quando esses animais começaram a escassear, lançaram-se sortes nas aldeias vizinhas para escolher as virgens que iriam substituir os carneiros. Àquele país desafortunado chegou finalmente São Jorge.

Ouvindo certa feita que uma princesa estava prestes a ser devorada pelo dragão, ele fez o sinal-da-cruz e partiu a enfrentar o monstro, que matou com um único golpe de lança. Depois, proferiu um magnífico sermão, converteu os camponeses locais e foi generosamente recompensado pelo rei. Antes de partir, distribuiu o prêmio entre os pobres.

Devido à sua atitude cavalheiresca, a devoção a São Jorge disseminou-se pela Europa. No século XV, seu dia festivo era tão popular e importante quanto o natal.

São Cristóvão

Cristóvão era um gigante tão orgulhoso do seu porte e força que só admitia servir o monarca mais poderoso do mundo. Encontrou esse homem e serviu-o até vê-lo fazer o sinal-da-cruz à menção do nome do diabo. Então abandonou-o e passou a servir Satã, crendo-o ainda mais poderoso. Mas quando notou que ele tremia sempre que alguém se benzia, saiu de novo a campo e, por fim, encontrou um eremita que lhe falou sobre a fé cristã. Cristóvão não queria saber de preces e jejuns, mas o velho explicou-lhe que não precisava cultuar, apenas ajudar. Levou-o então à margem de um rio e pediu que carregasse aos ombros todos quantos quisessem atravessar a corrente.

Cristóvão arrancou um galho de árvore para servir-lhe de cajado e, noite e dia, transportava aqueles que precisavam cruzar para a outra margem. Uma noite, uma criança aproximou-se dele. Cristóvão colocou-a nos ombros e entrou no rio. As águas se intumesceram, o vento rugiu e a criança foi ficando cada vez mais pesada. Quando, por fim, chegaram ao outro lado, o menino contou-lhe que acabara de levar às costas quem fizera o mundo. O gigante prostrou-se em prece e passou a intitular-se Cristóvão (*Christophoros*, "o que conduz Cristo"). Mais tarde, após muitos sofrimentos e terríveis torturas, foi aprisionado e decapitado.

São Valentim (morto em 270)

Nos primeiros dias do cristianismo, o imperador romano Cláudio II decretou ser crime, passível de morte, qualquer ligação com os cristãos. Por essa época, vivia um homem chamado Valentim que era muito dedicado a Cristo e nem mesmo a ameaça de morte podia impedi-lo de praticar sua crença. Segundo se conta, casava secretamente jovens apaixonados, mas que não tinham permissão paterna. Em 270, Valentim foi preso e condenado à morte.

Nas últimas semanas de vida do prisioneiro, o carcereiro bateu à porta da cela trazendo nos braços sua filha cega, Júlia. Implorou que o santo a curasse. Valentim prometeu-lhe fazer o possível. Passou muito tempo em companhia dela e ensinou-lhe a doutrina de Jesus, mas não conseguiu livrá-la da cegueira.

Na véspera da execução, Valentim redigiu uma nota de despedida a Júlia, conclamando-a a permanecer sempre perto de Deus. A sentença foi cumprida no dia seguinte, 14 de fevereiro, junto a um portão mais tarde chamado Porta Valentina em memória da vítima. Quando Júlia desdobrou o papel, assinado "De seu Valentim", passou a enxergar miraculosamente. Com o tempo, o 14 de fevereiro passou a ser conhecido como Dia de São Valentim, no qual se trocam mensagens de amor.

São Nicolau de Mira (270-345)

Como bispo na Ásia Menor, Nicolau era generoso com os pobres, preocupando-se sobretudo com os inocentes e injustiçados. Muitas histórias se ligaram a seu nome antes de ele se tornar Papai Noel.

Ao ouvir que um homem em dificuldade planejava entregar suas filhas à prostituição, Nicolau dirigiu-se de noite à sua casa e atirou pela janela três sacolas de ouro, salvando as jovens.

Conta-se também que devolveu a vida a três rapazinhos assassinados e escondidos num barril de salmoura para ocultar o crime. Com isso, tornou-se padroeiro das crianças.

Segundo outra história, convenceu alguns ladrões a devolver o produto do roubo e os fez se arrepender.

Durante uma peregrinação à Terra Santa, uma forte tempestade ameaçou o navio em que ele viajava. Nicolau orou e acalmou a tormenta — por isso passou a ser também padroeiro dos marinheiros e dos que se aventuram no mar.

Santa Joana d'Arc (1412-1431)

Joana d'Arc era filha de pais piedosos da classe camponesa da França. Muito nova ainda, começou a ouvir vozes de vários santos, principalmente São Miguel, Santa Catarina e Santa Margarida.

A princípio as mensagens eram pessoais e gerais, mas logo se tornaram mais explícitas. Ordenaram que ela se dirigisse ao rei da França e o ajudasse a recuperar o trono. O monarca inglês da época cobiçava esse trono e aliara-se aos cavaleiros franceses que queriam depor seu rei.

Após vencer a resistência de clérigos e cortesãos, a jovem de dezessete anos recebeu o comando de um pequeno exército com o qual obteve uma série de impressionantes êxitos militares. Finalmente o rei foi coroado, tendo ao lado Joana. Logo depois ela foi capturada e vendida aos ingleses. Seus compatriotas nada fizeram para salvá-la e, após meses de cativeiro, Joana compareceu perante o tribunal. Não quis retirar a declaração de que os santos de Deus é que a haviam instruído a agir e foi condenada à morte como herege, feiticeira e adúltera. Morreu na fogueira.

Posfácio

Segundo uma história atribuída aos Pais do Deserto, dois homens moraram juntos por muitos anos e nunca brigaram. Certa feita, um disse ao outro: "Briguemos um pouco, como todos fazem."

"Não sei como começar uma briga", declarou o companheiro.

"Bem", disse o amigo, "colocarei um tijolo entre nós e direi: 'É meu'. E você contestará: 'Não, é meu'. Então teremos um pretexto para nos desentendermos."

Colocaram, pois, o tijolo entre eles e o primeiro homem disse: "É meu."

O companheiro replicou: "De modo algum. É meu."

Ouvindo isso, o amigo sentenciou: "Se o tijolo é seu, pegue-o e vá embora."

Assim, não conseguiram brigar.

Muito se escreveu a respeito dos santos cristãos. Uma de suas características mais destacadas é a devoção sincera a uma mensagem simples daquele a quem amam acima de tudo.

Há vinte séculos, Jesus falou em linguagem singela a homens e mulheres comuns. Fez-lhes uma promessa e despertou em seu coração o desejo de estar sempre perto dele. Ao longo da vida, ensinou por meio de atos e, após a morte, subiu ao céu.

"Vinde, segui-me", disse a seus discípulos e, embora o caminho fosse difícil de palmilhar, eles obedeceram. Jesus e os muitos homens e mulheres que o acompanharam abriram uma senda hoje reconhecida como uma das grandes religiões do mundo.

Ela se baseia nos princípios simples do afeto e da solidariedade. Recompensa com a vida eterna e a plenitude. As ações dos santos são um testemunho da alegria de seguir Cristo. O carinho com que os evocamos mantém vivo o seu amor.

Agradecimentos

Capa: *Cristo Escarnecido* (detalhe), de Fra Angelico; Convento de São Marcos, Florença, Itália.

p. 4: *São Miguel*, de Carlo Crivelli; Galeria Nacional, Londres, Inglaterra.

p. 6: *Paraíso*, de Giovanni di Paolo; Museu Metropolitano de Arte, Nova York, EUA.

p. 9: *A Crucifixão*, de Dionissi; Galeria Tretyakov, Moscou, Rússia.

p. 10: *Entrada em Jerusalém*, de Fra Angelico; Convento de São Marcos, Florença, Itália.

p. 15: *Três Santos*, de Bartolomeo Montagna; Galeria Nacional, Londres, Inglaterra.

p. 16: *Anjo com Alaúde*, de Melozzo da Forli; Museu do Vaticano, Roma, Itália.

p. 18: *São Miguel*, de Luca Giordano; Gemaldegalerie, Berlim, Alemanha.

p. 21: *Anunciação*, de Fra Angelico; Museu Diocesano, Cortona, Itália.

p. 22: *A Natividade Mística*, de Botticelli; Galeria Nacional, Londres, Inglaterra.

p. 25: *Cristo Pregando e Espectadores*, de Pietro Perugino; Capela Sistina, Vaticano, Roma, Itália.

p. 26: *A Virgem Anunciada*, de Naddo Ceccarelli; Noortman Ltd., Londres, Inglaterra.

p.29 : *Encontro de Joaquim e Ana*, de Giovanni da Milano; Capela Rinuccini, Santa Croce, Florença, Itália.

p. 30: *O Batismo de Cristo*, de Alessandro Allori; Galeria Academia, Florença, Itália.

p. 33: *Noli Me Tangere*, de Fra Angelico; Convento de São Marcos, Florença, Itália.

p. :34 *Jesus Rodeado de Discípulos durante o Sermão da Montanha*, de Fra Angelico; Convento de São Marcos, Florença, Itália.

p. 37: *O Pentecostes*, de Giotto; Capela Scrovegni, Pádua, Itália.

p. 38: *A Pesca Milagrosa*, de Antoniazzo Romano; Museu do Petit Palais, Avignon, Itália.

p. 41: *A Vocação dos Apóstolos Pedro e André*, de Duccio di Buoninsegna; Galeria Nacional de Arte, Washington D. C., EUA.

p. 42: *São Tiago*, de Andrea Del Sarto; Galeria Uffizi, Florença, Itália.

p. 45: *Entrega do Dinheiro do Tributo* (detalhe), de Masaccio; Capela Brancacci, Santa Maria del Carmine, Florença, Itália.

p. 46: *A Incredulidade de São Tomé*, de Guercino; Museu do Vaticano, Roma, Itália.

p. 49: *São Tiago Menor*, de El Greco; Instituto de Arte de Chicago, Chicago, EUA.

p. 50: *São João Evangelista em Patmos*, de Hans Burgkmair, o Velho; Alte Pinakothek, Munique, Alemanha.

p. 52: *O Evangelista Mateus*, da iluminura de um Evangelho; British Library, Londres, Inglaterra.

p. 55: *São Marcos Apontando uma Pena*, do Mestre Boucicaut; Pierpont Morgan Library, Nova York, EUA.

p. 56: *São Lucas dos Evangelhos de MacDurnan*; Lambeth Palace Library, Londres, Inglaterra.

p. 59: *São João Evangelista*, de um afresco da Abbey Church of Sant'Antonio di Ranverso, Itália.

p. 60: *A Crucifixão de São Pedro*, de Michelangelo; Museu do Vaticano, Roma, Itália.

p. 62: *A Lapidação de Santo Estêvão*, de Fra Angelico; Capela Pulci e Berardi, Santa Croce, Itália.

p. 65: *São Dionísio*, do Mestre Boucicaut; Museu Jacquemart-André, França, Paris.

p. 66: *São Tomás Becket*; Biblioteca Estense e Universitária, Modena, Itália.

p. 68: *O Martírio de Úrsula e suas Damas*, de Memling; Keystone Press Agency, Montreal, Canadá.

p. 70: *A Apoteose de Santa Úrsula*, de Virrore Carpaccio; Accademia, Veneza, Itália.

p. 73: *Santa Catarina de Alexandria*, Pinacoteca di Brera, Milão, Itália.

p. 74: *Gregório, o Grande*; Museu Pushkin, São Petersburgo, Rússia.

p. 78: *São Pedro Pregando*, de Fra Angelico; Museu de São Marcos, Florença, Itália.

p. 81: *A Conversão de São Paulo*; Museu da Baixa Saxônia, Hannover, Alemanha.

p. 82: *São Jerônimo*, de Domenico Ghirlandaio; Ognissanti, Florença, Itália.

Agradecimentos

p. 85: *Santo Agostinho*, de Sandro Botticelli; Igreja de Ognissanti, Florença, Itália.

p. 86: *Visão de Santo Tomás de Aquino*, de Sassetta; Museu do Vaticano, Roma, Itália.

p. 88: *São João Batista no Deserto*, de Geertgen tot Sint Jans; Staatliche Museum, Berlim, Alemanha.

p. 91: *O Encontro de Santo Antônio e São Paulo*, de Sassetta; Galeria Nacional de Arte, Washington D. C., EUA.

p. 92: *São Francisco Acolhendo a Pobreza*, de Giotto; Scala Istituto Fotografico Editoriale, Florença, Itália.

p. 94: *O Abade Copta Menas com Cristo*; Louvre, França, Paris.

p. 97: *Santo Antônio Abade*, de Francisco de Zurbaran; Meridiana Pavilion, Florença, Itália.

p. 98: *São Bento Orando*, do Mestre de Messkirch; Staatsgalerie, Stuttgart, Alemanha.

p. 101: *São Francisco de Assis Pregando aos Pássaros*, de Giotto; Louvre, França, Paris.

p. 104: *Os Estigmas de São Francisco*, do Mestre de São Francisco Bardi; Galeria Uffizi, Florença, Itália.

p. 105: *Santa Clara de Assis*; ET Archive.

p. 106: Do Saltério de São Luís e Branca de Castela; Edimedia, França, Paris.

p. 109: *A Quarta Visão de Hildegarda de Bingen* © Alexander Roob; Berlim, Alemanha.

p. 110: *O Apóstolo Tomé*, de Nicolas Frances; Eitan Simanor, Jerusalém, Israel.

p. 113: *A Morte de Santa Clara*, do Mestre de Heiligenkreuz; Galeria Nacional de Arte, Washington D. C., EUA.

p. 114: *A Antecipação da Vinda de Cristo por São João da Cruz*, de Nicolo Lorenese; Santa Maria della Vittoria, Roma, Itália.

p. 117: *Santa Catarina de Siena Ditando Seus Diálogos a Raimundo de Cápua*, de Giovanni di Paolo; Detroit Institute of Arts, Detroit, EUA.

p. 118: *Tomado por uma Luz Esplendente*; cortesia de Angelika Engelhardt-Rotthaus, Bingen, Alemanha.

p. 120: *São Basílio Ditando Sua Doutrina*, de Francisco de Herrera, o Velho; Louvre, França, Paris.

p. 123: *O Batismo de Clóvis*, do Mestre de Saint Giles; Galeria Nacional de Arte, Washington D. C., EUA.

p. 124: *São Francisco Xavier*, Mary Evans Picture Library, Londres, Inglaterra.

p. 126: *São Martinho e o Mendigo*, de El Greco; Galeria Nacional de Arte, Washington D. C., EUA.

p. 129: *São Patrício Batizando Cristãos Convertidos*, Escola lombarda; San Patrizio, Colzate, Itália.

p. 130: *São Francisco Xavier*, de Bartolome Esteban Murrillo; Wadsworth Athenaeum, Harford, EUA.

p. 132: *São Nicolau Salva um Navio da Tempestade*, de Gentile da Fabriano; Pinacoteca Vaticana, Roma, Itália.

p. 134: *São Jorge e o Dragão*, de Rafael; Galeria Nacional de Arte, Washington D. C., EUA.

p. 137: *São Cristóvão*, do Mestre da Folhagem Ornamentada; Gemaldegalerie, Dresden, Alemanha.

p. 138: *São Valentim*; Mary Evans Picture Library, Londres, Inglaterra.

p. 141: *São Nicolau*; Biblioteca Nacional, Nápoles, Itália.

p. 142: *Joana d'Arc e a Espada da Libertação*, de Dante Gabriel Rossetti.

p. 145: *Cristo Aparecendo a São Pedro na Via Ápia*, de Annibale Carracci; Galeria Nacional, Londres, Inglaterra.

Índice dos Santos

Santa Catarina de Alexandria	72	São João da Cruz	115
Santa Catarina de Siena	116	São João, Apóstolo	44
Santa Clara de Assis	104	São João, Evangelista	58
Santa Hildegarda de Bingen	119	São Jorge	135
Santa Isabel	28	São Judas	48
Santa Joana d'Arc	143	São Lucas, Evangelista	57
Santa Maria	27	São Marcos, Evangelista	54
Santa Maria Madalena	32	São Martinho de Tours	127
Santa Teresa de Ávila	112	São Mateus, Evangelista	53
Santa Úrsula	71	São Miguel Arcanjo	19
Santo Agostinho de Hipona	84	São Nicolau de Mira	140
Santo André	40	São Pacômio	95
Santo Antônio Abade	96	São Patrício	128
Santo Estêvão	63	São Paulo	80
São Bento	99	São Pedro	39, 79
São Cristóvão	136	São Tiago Maior	43
São Dionísio	64	São Tiago Menor	48
São Francisco de Assis	100	São Tomás Becket	67
São Francisco Xavier	131	Santo Tomás de Aquino	87
São Gabriel Arcanjo	20	São Tomé	47
São Jerônimo	83	São Valentim	139
São João Batista	31		